# Wortwellen

Gedichte

Anne Böckmann

## Die Autorin

Anne Böckmann lebt in Lilienthal
bei Bremen.
„Wortwellen" ist die zweite
Veröffentlichung ihrer Gedichte.

Mai 2003
Selbstverlag Anne Böckmann
Alle Rechte liegen bei der Autorin
©2003 Anne Böckmann Lilienthal
Fotos: Thorsten Böckmann, Bettina Schmitz
Corinna Böckmann, Anne Böckmann, Andrea Poßberg
Gesamtgestaltung: Corinna Böckmann
Herstellung: Books on Demand GmbH
Printed in Germany
ISBN 3-8330-0231-x

# Inhalt

## Schreiben

Schreiben über
Liebe
Furcht
und Leid
im Sein
Hoffen
Sehnen,
Wortgebilde
ziehen Furchen
ins Papier,
die Seele
setzt die Satzzeichen,
schwarze Buchstaben
trudeln über Weiß,
fügen sich zu
liebevollen
trostvollen
hoffnungsvollen
Satzhäusern
voller Geborgenheit.

## Seelenvolle Satzreihen

Buchstaben
im Netz gefangen,
durcheinandergewürfelt
schlüpfen
durch große und kleine Maschen
purzeln in Sätze,
sind geborgen
in Gedichten
Geschichten,
werden
seelenvolle Satzreihen.

**Bücherwesen**

Und so ist es
wenn ich lese,
ich tauche ein
in die Welt der Buchstaben,
sie ziehen, zerren mich
aus der Einsamkeit,
lassen mich teilhaben
an Liebe, Lust und Leid,
heben mich
auf die Bühne der Phantasie,
ich bin
Frau
Geliebte
Mutter
Freundin
Reisende
Gärtnerin,
sitze auf fremden Veranden
in Häusern am Meer,
wandere durch Wüsten
auf Zauberberge,
werfe Wutsteine in Wellen,
kämpfe mit Engeln gegen Dämonen,
mein Ich schlüpft
in Bücherwesen,
die mich mitzaubern lassen
am Spiel des Lebens.

## Unterhaltung

Weiße Wortgebilde
trudeln
in Gardinenwogen,
prallen ab
an gläsernen Mauern,
setzen sich
in Zimmerecken,
schwimmen
durch den Raum,
umgarnen den Geist,
freunden sich an
mit diesem Augenblick
des Daseins.

## Der Komponist

Ein Komponist
füllt die Leere
zwischen den Noten
mit Musik,
der Komponist
meines Lebens
füllt die Leere in meinem Herzen
mit Liebe,
die durchdrungen ist
von dem Wissen,
dass es Wunder gibt.

## Wunder

Wunderbare
volle Wunder
malen das Leben
in leuchtenden Farben,
kleine Wunder
erhellen das Sein
wie ein Blitz,
nötig
um das große Wunder Leben
möglich zu machen.

## Wortwellen

Lichterglanz
Gedichtfetzen
wehen durch den Raum,
die Luft ist poesieschwanger,
Augen leuchten,
zwischen Worten
ist es ganz still,
Worte wie Wellen,
die den Strand zum Klingen bringen,
Wortwellen
im Kerzenlicht
eines Abends im November.

# Seifenblasenwelt

Eine Welt
in einer Seifenblase
funkelnd
glänzend
rund
und farbenfroh
hält mich gefangen
in einer Sekundenseligkeit,
einen klitzekleinen Augenblick lang
ist die Welt
bunt und schön
und dann ...
träum ich
sie ist bunt und schön,
wenn ich es nur will.

## Illusion

Zeitloses Schweben
in Wolken
in Blau
vogelgleich
Illusion von über allem sein,
landen im richtigen Moment
am richtigen Ort,
zeitgleich mit Gedanken
die zu Worten und Taten werden.

## Ich bremse

Birkenschwarzweiß
sonnenglänzende Äste
sausen an mir vorbei,
die Straße
verliert sich
im Horizont,
Gedanken gehen auf die Reise
bis –
plötzlich ein Huhn
sich ganz gemächlich
über die Straße traut,
wie tröstlich,
ich bremse,
auch meinen Gedankenfluss.

# Freundeskreis

Groß ist mein Freundeskreis,
so sagt man,
groß der Kreis
geschlossen,
die Freunde aufgereiht
wie Perlen
in einer Runde,
sie sehen sich in die Augen
stumm
verharren,
bis einer sich entschließt
auszubrechen.
Es bleibt ein Kreis,
nur kleiner.

## Blau

Vollkommenheit in Blau
in Himmel
Wind
Meer
verschmolzen mit
Mondblau
Sternenweiß
Mohnrot
löst es sich auf
in Gedankenblasen
in vollkommenem Blau.

## Vernissage

Die Galerie
an der Ecke
stellt neue Bilder aus,
Scharen von Besuchern
füllen die Räume,
einige belegen die Bilder
mit ihren Rücken,
kennen sich wieder,
bahnen sich einen Weg durch Gruppen
gestikulierender Gucker,
Gesprächsfetzen
wehen durch den Raum,
wenige betreffen den Künstler,
wo ist er überhaupt?
Egal, die Bilder sind doch ganz nett,
schön, einige Leute mal wieder gesehen zu
haben.

## An einem Regentag

Rosenduft
schwebt durch den Raum
an einem Regentag
mit Tropfen
wie Tränen,
und doch,
der Duft zaubert Sonne,
lässt Licht ahnen.

## Der Tag trägt Trauer

Der Tag trägt Trauer,
dunkelglänzendregennasse Baumstämme
säumen den schwarzen Asphalt,
orangegold sind die Blätter
in den Pfützen,
bunt meine Gedanken,
sie trotzen
dem regennassen Tag.

**Rosenduft**

Ich pflanze
eine Rose in die Zeit,
will sie betören
mit ihrem Duft,
mit ihrem Glanz,
sie zögert,
lächelt,
eilt aber weiter,
immer weiter,
ich werde
wieder Rosen pflanzen,
immer wieder,
wer weiß ...

## Die launische Freundin

Ich habe
eine launische Freundin,
Zeit heißt sie,
manchmal dehnt und streckt sie sich,
gelangweilt,
gefüllt mit Leere,
manchmal überschlägt sie sich
ächzend, stöhnend,
manchmal tut sie sehr genießerisch,
schwelgt im Augenblick,
im Jetzt,
manchmal überschüttet sie mich
mit Hohn und Spott,
mit Recht vielleicht,
weil ich sie stoppen will,
in Zukunft
werd ich ihr mit mehr Gelassenheit
begegnen.

**Bald ...**

Frostiges Winterweiß
wölbt sich
unter zerzausten Wintergräsern,
die Sonne
spiegelt sich
im Eis
meiner Seele,
geschmolzene Gedanken
finden den Weg
in die Hoffnung,
sehen zartes Grün schimmern
in der Ferne,
hören Vogelgezwitscher
und ahnen,
bald ...

29

# Osterfrühstück

Beim Osterfrühstück
bildet Bienensummen
die Begleitmusik,
verwehte Blütenblätter
verweben sich
mit Spinnengewebtem,
Zitronenfalter
taumeln gelbig
durch die Lüfte,
zartes Grün traut sich,
in tiefem Blau
erstrahlt die Sonne,
es ist Frühling.

# Einssein

Huldvoll
neigen sich die Weiden
über das Wasser,
spiegeln sich
im Wellengekräusel,
es ist ganz still,
ich lehne mich
an die Atemzüge
der Natur,
meine Augen baden
im Löwenzahngelb,
meine Sinne
gehen spazieren
in Düften und Farben,
und ich spüre,
Einssein ist möglich.

## Meereshimmel

Blaues Sehnsuchtswort
Meer,
Fußspuren im Sand,
Augen-Blicke verschmelzen
mit der endlosen Weite
des Meereshimmels,
Sehnsüchte fliegen mit dem Wind.

## Möwengelächter

Möwengelächter
dringt in meine Träume,
Meereswellen
umspülen meinen Körper,
Sand rieselt auf mein Gesicht,
in meinen Träumen
spüre ich
den nahenden Sommer.

**Farbenrausch**

Blaue Treue
wölbt sich über Grün,
Rosendüfte
wecken Sehnsüchte,
Lavendel- und Hortensienblau
schmiegt sich
in Weiß,
bunte Schmetterlinge
flattern in leuchtendem Rot,
Bienen
baden in Gelb,
im Rausch
von Farben und Düften
erlebe ich den Sommer.

# Geborgenheit

Gedanken
stolpern über holprige Waldwege,
suchen den Weg
durch
dichtes Gestrüpp,
finden
die Lichtung
unter schützenden Baumkronen,
geborgen
im Jetzt.

# Herbst

Raschelndes Laub
unter bunten Blätterdächern,
Bucheckernduft
in der Luft,
bemooste Baumstämme im Nebel,
Gänseformationen
beleben den Himmel,
Möwenkrächzen
lassen die Nähe des Meeres
spüren,
Winde entblättern
schwarzes Geäst,
meine Sinne
baden im Herbstsein.

**Silvester 2001**

Feuerwerk
färbt den Himmel rot,
taucht den Mond
in einen rosenduftenden Garten.
Schnee weißt Schwarzes,
macht alles
weich
licht
und still,
ein Zauber liegt in der Luft
dieses mondenen Abends.

**Eine Leinwand am Meer**

Eine leere Leinwand
am Strand,
cremefarben
Ton in Ton
mit dem Sand,
liebende Gedanken
bilden die Skizze im Kopf,
Meeresblau
umspült die Staffelei,
Meeresplätschern
Wellengetose,
wie banne ich Geräusche auf die Leinwand?
Kopfbrausen
Skizzengeplätscher
Wellengekräusel,
zärtlich zieht der Pinsel seine Bahn,
mein Kopf wird frei.

## Lebensfreudefäden

Leben
auf eine Leinwand malen
endlos
bunt
gelb-orange für die Sonne,
rot für die Liebe,
grün für den Sommer,
weiß-blau für den Mond,
über Sommerwiesen
wölbt sich ein
regenbogenfarbener Himmel,
Lebensfreudefäden
hängen an Linden,
auf einer Wiese tanzt ein gelber Schmetterling
um eine blaue Blume,
sehnsüchtig streift er sie mit seinen Flügeln,
der Himmel färbt sich rot,
und der Pinsel malt rot – und immer wieder
rot.

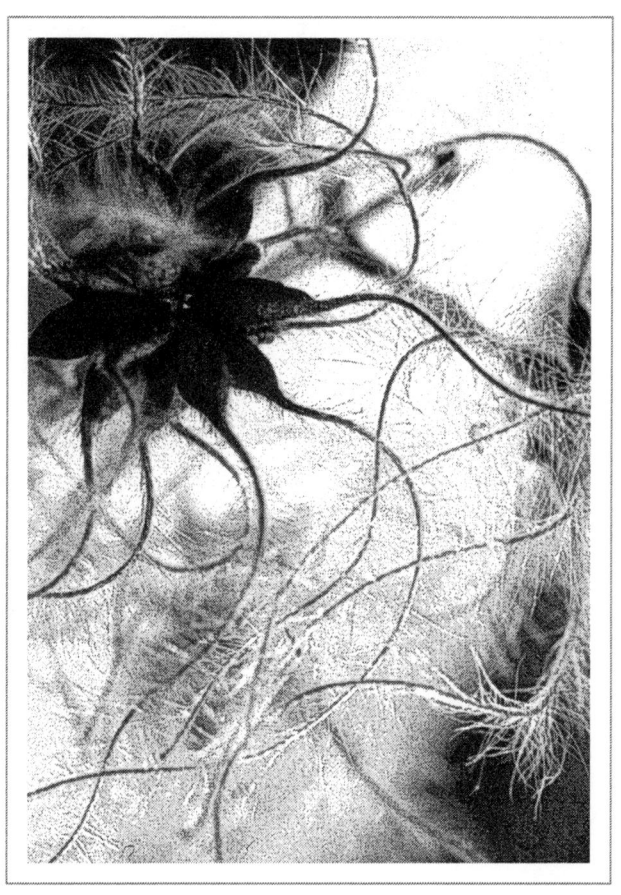

## Seelenverwandtschaft

Seelenverwandt
verbändelt
verstrickt
verwoben,
in Puzzleteile zerlegt
für eine Weile,
problemlos zusammengefügt
nach einer Weile,
verwobene Seelen
für immer.

# Glück

Was ist Glück?
Gesundheit
Zuversicht
Vertrauen
zu wissen
es ist, wie es ist,
Tagträume
Nachtträume
Illusionen,
die Welt verroht,
es herrschen Hass und Gewalt,
wenn da nicht
die Liebe wäre,
die unendliche
die alles überstrahlende
die alles verändernde Liebe,
wer sie in sich
erkennt
weiter gibt
immer weiter,
der verspürt
Glück.

## Canto General

Canto General,
eine Hymne an das Leben,
an den Schmerz,
Gedichte
von Pablo Neruda
voller Liebe, Leid,
Hoffnung.
Flamingos mit rosaroten Kathedralflügeln
fliegen in die Morgenröte,
für die Einsamkeit
eine Ordnung errichten,
große Worte
in eine aufwühlende
gewaltige Musik gesetzt
von Theodorakis,
dem Griechen,
und das alles verschmolzen
mit Gedanken der Liebe,
mit Seeleneinssein,
das ist für einen großen Augenblick
das Glück.

## Haus der Sehnsucht

Anerkennung
Liebe
Geborgenheit
ein Leben lang
strebt man danach,
verströmt Liebe,
wird wiedergeliebt,
sonnt sich darin,
und plötzlich
droht es einzustürzen
dieses mühsam gebaute Haus,
in dem die Sehnsucht
nach Liebe und Geborgenheit
wohnt,
und man spürt,
auf welch wackligem Fundament
es gebaut ist.

## Licht

Licht am Ende des Tunnels
vielzitierte Worte
tunnelendendes Licht
im Hoffen
im Bangen
im Sehnen
in Gedanken an dich
in Gedanken an das
was ich tat
in Gedanken daran
was ich tun werde
in Gedanken an die Liebe
in allem
was ich tat und tun werde
im Licht
am Ende des Tunnels.

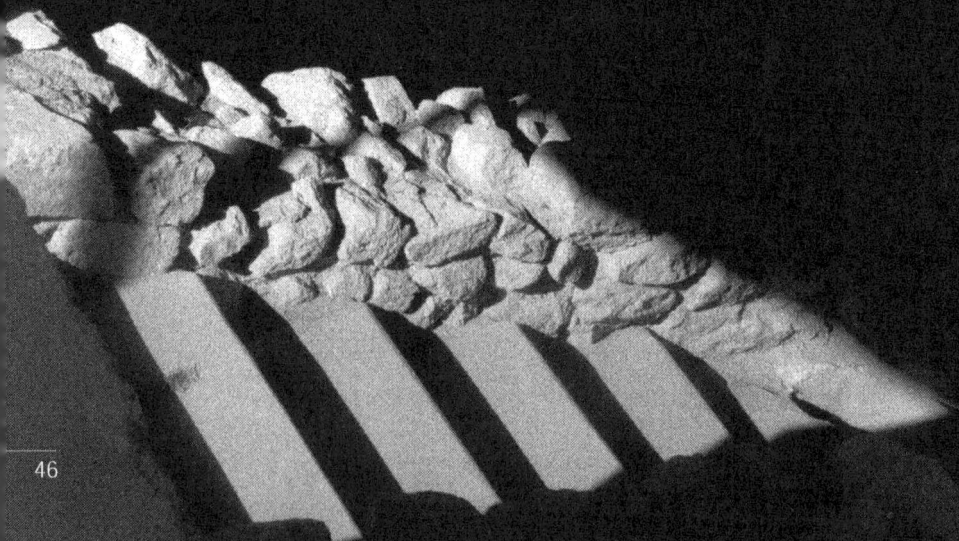

# Fürsorge

Kalte Glut
grausame Fürsorge
Widersprüche?
Muss unsere Liebe
kalt bleiben,
weil die Glut
nicht sein darf?
Grausam ist, wenn
die Liebe in Telefondrähten
hängen bleibt,
aber kalte Fürsorge
und grausame Glut
sind schlimmer.

## Lebensnetz

Ein Schmetterling
gefangen
in einem Spinnennetz,
das sah ich
in meinem Garten,
die Liebe
spinnt mein Lebensnetz
schön und schmerzhaft zugleich,
befrei ich mich daraus,
zerstör ich es,
das dachte ich
in meinem Garten,
eine dunkle Wolke
schob sich
vor eine eben noch strahlende Sonne,
siehste ... dachte ich.

## Mondene Träume

In mondenen Nächten
träume ich
dein Gesicht,
spüre ich deine Nähe,
in mondenen Nächten
schwebt vertraute Musik
durch den Raum,
wehen Sommerdüfte
durch meine Sinne,
in mondenen Nächten
schaukeln Sehnsüchte
an Mondfäden,
schaukeln und schaukeln
immer höher und weiter,
bis sie sich lösen
und eins werden
mit dem Blau
deiner mondenen Träume.

## Flirrende Unschärfe

Watt
Weite
Wellen
kleine, quirlige
vom Wind zerzaust
so weit das Auge reicht
dahin
wo Meer und Horizont
sich verweben
in flirrender Unschärfe.
Meine Gedanken
setzen kleine Segelschiffe
auf die Wellen,
jedes beladen mit
Liebe
Sehnsucht
Zuversicht
der Hafen – wo?
In flirrender Unschärfe.

## Sehnsucht

Alles ist auf einmal
leer und still,
wo eben noch
Gelächter,
Vertrautheit,
liebevolle Zuneigung
die Schwingungen im Raum
vibrieren ließen.
Warum kann es nicht immer so sein?
Weil es dann nichts Besonderes mehr ist,
sagt mein Kopf,
mein Herz
sehnt sich ständig danach.

**Seelendurst**

Lange habe ich nichts
von dir gehört,
meine Seele
hat Durst nach deiner Stimme,
die Natur platzt
aus den Winternähten,
sie grünt und blüht
aus allen Poren,
gibt mir den Mut,
meiner Seele Durst zu stillen,
indem ich
an dich denke.

**Verlust wird Gewinn**

Den Tag
verloren an die Nacht
Licht
verloren an das Dunkel
Liebe
verloren an den Schmerz
den Tag
gewonnen aus der Nacht
Licht
gewonnen aus dem Dunkel
Liebe
gewonnen aus dem Schmerz
nur zwei andere Worte
oder mehr ?

## Atem

Atmen
lässt mich mein Inneres
spüren,
ich lebe,
deinen Atem
träume ich auf meiner Haut,
an meinem Ohr.
Nachts,
wenn der Mond scheint,
ist dein Atem
ganz gegenwärtig.

**Das möchte ich**

Mauern einreißen,
ein Fenster in deine Seele bauen,
damit ich ab und zu reinschauen kann,
das möchte ich.
Mauern einreißen,
von denen du nicht mehr spürst,
wie eng sie dich umgeben,
Mauern einreißen
oder Türen einbauen,
durch die du gehen kannst,
wann immer du willst.
Mauern einreißen,
die dich trennen von mir,
das möchte ich.

## Nebel

Nebelschwaden
umhüllen
Bäume, Bänke
am Wegesrand,
alles wirkt unwirklich,
Dunstschleierträume
weben
Gedankenmuster
über dich und mich,
in Nebelschwaden
wirken sie
unwirklich.

## Frühlingsahnen

Weiße Birkenstämme
bohren sich in blaue Fernen
des nahenden Frühlings,
Luftdüfte
lassen ihn erahnen
viele Augenblicke lang,
wo bist du?
Spürst du ihn auch,
den Frühlingsatem?

## Lächle

Lächle,
nur so setzt du
Sterne in die Welt.
Sei freundlich,
nur so erfährst du,
was der Andere von dir will,
sei demütig,
nur so erfährst du
die Fülle des Lebens,
hab Vertrauen
zu dir selbst und den Anderen,
leg die Angst beiseite,
ersetze sie
durch Liebe.

## Ich bin

Ich bin
war
werde sein
Liebe
Verlangen
Sehnsucht
trotzdem
nicht wegen
oder warum
einfach
weil es dich gibt
und ich bin.

**Innehalten**

Innehalten,
der Gedankenstrom
wühlt seinen Weg
durch das Seelenbett,
halt ein – möchte man manchmal sagen,
er fließt weiter,
mal ruhig mit leichtem Wellengekräusel,
mal schlagen die Wellen hoch,
innehalten
im Strom der Gedanken,
das Leben fühlen,
schmecken
hören
riechen,
den Himmel sehen,
sehnsuchtsvoll den Mond erahnen,
innehalten.